LES
Apparitions de Tilly-sur-Seulles

RÉPONSE

AU

Rapport de M. l'abbé Brettes

PAR

L'Abbé F. GOMBAULT

Docteur en Philosophie
Lauréat du Concours d'Apologétique de l'Institut Catholique
de Paris

BROCHURE GRATUITE

BLOIS

TYPOGRAPHIE ET LITHOGRAPHIE C. MIGAULT ET Cᵉ

14, Rue Pierre-de-Blois, 14

1897

Ce qu'il faut penser du rapport de M. l'abbé Brettes

Du haut de son fauteuil présidentiel, (où il ne vient plus s'asseoir, le *hasard* ayant voulu que ce jour de discussion marquât le terme de son mandat, — béni sois-tu, ô Hasard !) M. l'abbé Brettes pense avoir rendu sur Tilly le plus scientifique des oracles.

Nous n'en croyons rien.

En vain, s'est-il abrité derrière la majesté de Benoît XIV et de Grégoire XVI ; en vain s'est-il écrié, dans le plus beau style biblique : « En vérité, en vérité, je vous le dis. N.-D. de Tilly, c'est le diable ! » Les auditeurs ont accueilli le mirifique rapport comme on accueille, à la Chambre, le discours d'un vulgaire ministre.

Et par un vote significatif, celui·qui envoie une commission *refaire* l'enquête, ils lui ont exprimé, dans le plus clair des langages, qu'ils n'avaient pas une folle confiance en leur président enquêteur. En sorte que si le terme du mandat présidentiel n'était pas survenu, il eût été logique à M. Brettes de le *faire survenir*.

Voici les principaux points d'attaque du fameux rapport :

Tilly a le fâcheux antécédent de Vintras et de plusieurs phénomènes antérieurs aux visions.

Le fait des Sœurs n'est qu'un incident de tout l'ensemble. Il ne s'en distingue ni par le *début* ni par la *conclusion*, car, on le voit, les visions du champ l'emportent par le nombre et la durée des événements : la victoire serait donc au diable.

De ces constatations générales, il résulte que le fait tillien trahit son origine diabolique :

1° — par l'objet ;

2° — par le but ;

3° — par les agents ;

4° — par les résultats.

Répondons avec ordre et précision à toutes ces accusations.

I. — L'objection de Vintras

« Oui, déclare le chanoine, Tilly a des antécédents diaboliques. Un certain Vintras eut des apparitions. Des ambassadeurs célestes vinrent lui annoncer la gloire future de Tilly... Les manifestations actuelles sont semblables à celles du temps de Vintras... etc... »

Je vais, à ce sujet, poser à M. le chanoine un tout petit dilemme, pas prétentieux dans sa forme :

1° Ou le pouvoir prophétique de Vintras est une invention de ses fidèles et admirateurs ; et il faut écarter l'objection d'un Vintras qui n'aurait rien prédit du tout.

2° Ou les prédictions de Vintras sont dûment établies, ainsi que sa faculté de lire l'avenir.

Et cette constatation refute encore le rapport dans ses conclusions. — Ce que je vais démontrer.

Dans les deux cas, M. l'abbé Brettes n'en peut rien tirer pour sa thèse.

Première hypothèse. — J'admets aisément que Vintras n'a pas été un instrument de la Miséricorde divine, malgré l'établissement de *l'Œuvre de la Miséricorde,* qui lui appartient en propre. Cet homme est tombé dans un état peu commun de dégradation, et ses intimes ont publiquement, et sans qu'il ait osé les réfuter, après sa sortie de prison, lancé contre lui les accusations les plus précises.

Les lettres de Vintras à la jeune Blithdhaël, à l'infâme Ruthmaël, à la Jeanne d'Arc nouvelle (!), Dhocédhoël, sont un argument sans réplique.

Le premier en date des secrétaires de Vintras, son intime, a chronologiquement établi qu'il en fut ainsi dès le commencement. — C'est seulement en 1840 que la chose commence à devenir publique.

Mais les étrangers au pays furent surtout initiés au degré de *parvenus*. Une foule d'honnêtes gens, comme il arrive dans les sociétés secrètes, ne connurent rien de tout cela. Selon le langage de Vintras, dans ses lettres secrètes publiées par son aide de la première heure, ces « simples croyants » étaient trop faibles de spiritualité pour « supporter ces viandes substantielles », et « boire à la coupe de ce vin fort ».

Les habitants de Tilly, peu nombreux, qui se trouvèrent parmi les fidèles de Vintras, furent trompés par le dehors des choses. Des bandes d'étrangers accouraient à certaines époques : c'étaient les *initiés*. — Vintras lui-même était un étranger au pays, qui n'est point responsable de ces infamies.

- Laissons tout cela.

Ce Vintras-là, nous dit M. Brettes, aurait prédit la *gloire de Tilly*.

Entendons-nous : il aurait prédit, tout au plus, que Tilly deviendrait *terre sainte*, etc. Or, pour qui connaît l'entreprise de Vintras, cela signifie qu'il prédisait à ce pays la gloire qui lui adviendrait dans le cours des temps de ce qu'il avait daigné, lui Vintras, prophète de Dieu, choisir ce lieu comme *centre spirituel* de la religion nouvelle. On sait que Vintras se donnait comme le *pape* de la religion renouvelée ; il aimait à se coiffer de la tiare et à s'entourer d'un cortége de faux évêques.

Comment voulez-vous, dès lors, que cet insensé qui prétendait usurper les droits de la papauté, et *excommuniait* le pape, se serait amusé à prédire le futur *Concile du Vatican* et aussi la *proclamation du dogme de l'Immaculée-Conception*. C'eût été aller contre ses prétentions orgueilleuses d'antipape, et proclamer la grandeur des décisions du pape romain. Il y a là une opposition qui saute aux yeux et prouve que ces deux prophéties ont été ajoutées, après coup, dans certains manuscrits, par des *initiés*, ou par des partisans de l'occultisme. D'autres ont pu, de bonne foi, copier ces prédictions et leur donner du crédit.

Ce qui n'est pas douteux, c'est que Vintras, ennemi de Rome, n'a pas dû inviter ses initiés à espérer en Rome. En exaltant la grandeur des décisions romaines, il eût mis en fâcheux relief les décrets émanant de cette même autorité spirituelle, qu'il avait en si grande haine. Cet homme ne prétendait-il pas que « l'Eglise a fait son temps; que le sacerdoce est un arbre mort ».

Pour innocenter Vintras, il convient de ne pas s'appuyer sur le témoignage d'un abbé tel que Charvoz, puisque c'est un des initiés, un des évêques créés par Vintras.

Ce Vintras a donc parlé d'un *Concile*.

Il ne peut être question d'un Concile *romain*, comme je l'ai expliqué. Je vois par les documents que j'ai sous les yeux, et par celui que cite M. Gaston Mery, 6e fascicule, page 274, que « l'épopée vintrassienne doit se terminer par un Concile général de l'Eglise renouvelée qui approuvera les révélations de *l'Oracle* ».

Je ne puis transcrire ici tous les dogmes *vintrassiens*

qui devaient y être acclamés : l'honnêteté s'y oppose.

Quand survint le Concile du Vatican, les intéressés ne manquèrent pas d'affirmer que Vintras avait prédit cet événement religieux.

Il n'en est rien. Un de ses anciens secrétaires m'a écrit, du reste, qu'on prête à Vintras des prédictions qu'il n'a jamais faites.

Je reconnais que Vintras, par une profanation dont ce genre d'hérétiques sont coutumiers, parlait souvent de la Vierge Immaculée. Sur son étole de sacrificateur il avait fait inscrire : *Marie est immaculée, pure et sans tache.*

Il faut n'avoir aucune notion théologique pour confondre cette dénomination avec le nouveau titre d'*Immaculée-Conception*. Le titre d'Immaculée signifie, à proprement parler, l'exemption de toute souillure du péché *actuel*, même véniel. Le titre d'*Immaculée-Conception* a ajouté un nouveau fleuron à sa couronne de Vierge : la proclamation de l'absence de toute souillure, même de celle qui vient de l'origine.

Jamais Vintras n'a prédit cela.

Conclusion : Vintras n'a pas prédit d'autre gloire à Tilly que celle d'être un jour la terre sanctifiée par les pratiques *nouvelles*.

D'où il ressort que Vintras n'a rien *prédit* au sujet de cette grande manifestation, peut-être purificatrice dans les intentions célestes, qui prend pour centre matériel le champ d'un chrétien fervent et estimé, et pour *apôtres* les innocentes fillettes de ce pays profané.

M. l'abbé Brettes n'aurait conséquemment rien à tirer de cette première partie du dilemme.

Seconde hypothèse. — Soit ! Vintras a prédit, et dans le sens voulu par M. Brettes, que Tilly deviendrait une *terre sainte.* Vous devez prendre, alors, le pouvoir prophétique de Vintras dans toute son étendue. Ensuite, pour M. l'abbé Brettes, comme pour moi, il n'y a pas de période à *mission divine,* et de période à mission *faussée,* dans la vie de prophète. Tout Vintras est diabolique, si le préternaturel y a fait son apparition. Un théologien ne peut avoir d'hésitations à ce sujet.

Ce Vintras qui aurait *annoncé* la future intervention diabolique que signale M. l'abbé Brettes, est le même qui aurait prédit, par prophétie *exigeant une révélation du Ciel,* la tenue du futur Concile du *Vatican* et la proclamation du dogme de l'*Immaculée-Conception.*

Alors, la seule explication de ce phénomène serait la suivante : *Dieu peut révéler au démon une époque où il sera écrasé dans son orgueil et brisé dans sa puissance.* Absolument, comme au commencement des temps, il lui a prédit *que la femme écraserait sa tête.*

Il ne répugne pas davantage que Dieu révèle au démon *un lieu* où il sera tout spécialement écrasé par le culte de la Vierge.

Le démon pourrait ainsi, en connaissance de cause, lutter par avance contre l'œuvre divine, si Dieu lui en donne la permission.

Si donc M. l'abbé Brettes accepte Vintras comme prophète de l'événement tillien, je lui oppose Vintras tout aussi bien prophète d'un événement certainement divin : l'annonce du Concile et du dogme futur.

Dieu peut se servir d'un prophète mauvais, comme il s'est servi de Caïphe, comme il s'est servi de Balaam.

Le théologien qui a préconisé le rôle prophétique de Mlle Couédon, qu'il déclarait toutefois possédée (voir le

3ᵉ fascicule, pp. 191-192,) de M. Gaston Mery) ne peut trouver mon raisonnement de mauvaise facture.

Donc Vintras aurait tout autant prédit le dogme de l'Immaculée-Conception que la *gloire* de Tilly, par l'événement qui nous occupe.

Le dogme de l'Immaculée-Conception, et le Concile du Vatican n'en reçoivent aucune atteinte, j'espère.

Vous ne pouvez rien en tirer, non plus, contre l'événement tillien.

Voilà où nous amène la seconde hypothèse. — Dans les deux cas, vous ne pouvez rien contre nous.

Est-ce clair ? Si la logique et un médecin sont deux choses distinctes, comme l'a insinué le Dʳ Hacks, il me semble que la logique et un chanoine sont bien faits pour s'entendre.

J'arrive à la seconde partie de ce premier postulat :
Tilly a pour *antécédents* plusieurs faits *préternaturels*.

La question serait donc de savoir si le démon ne peut avoir révélation de sa ruine future en un lieu déterminé, où doit s'élever un sanctuaire de miséricorde. Cela répugne-t-il *à priori?* — Evidemment non.

— Pareil fait s'est-il déjà produit ? — Je réponds : Oui.

— Où cela ? — A Lourdes.

Je puis affirmer, appuyé pour le dire sur des documents *directs*, de source absolument sûre, documents que je declare de *premier ordre*, que des *faits préternaturels* furent observés à l'endroit même où devaient se produire plus tard les visions de Bernadette, et semblaient comme marquer cet endroit *prédestiné*.. — Ces documents que je signale sont consignés dans la grande histoire de Lourdes, dont le manuscrit est composé depuis 18 ans, et dont les secrets me furent divulgués. La Sainte Vierge seule a pu inspirer l'auteur de cette divulgation à y consentir.

Toujours appuyé sur ces documents, j'ajoute que :

1° Les apparitions de fausses Vierges furent *excessivement* nombreuses et si bien imitées que plusieurs voyantes furent données comme compagnes et rivales de Bernadette. Vous les verrez signalées au livre V, chapitre V, de M. Lasserre, quand, en réalité, la *future grande histoire de Lourdes* les écarte de cette faveur.

2° Ces apparitions diaboliques, qui commencèrent au beau milieu des visions de Bernadette, se produisirent en grand nombre à la Grotte, dans la ville de Lourdes, dans les *environs* de Lourdes. — *Vingt ans* après, un enquêteur retrouvait plus de *trente* de ces visionnaires.

3° Enfin, et surtout, les visions diaboliques continuèrent après la dernière apparition à Bernadette, et ne relâchèrent pas durant *six mois* encore.

Alors, Monsieur le Chanoine, la série des visions de Bernadette, qui fut *précédée* de faits préternaturels et suivie d'une longue série de faits diaboliques, serait atteinte par votre raisonnement ?

A Lourdes aussi, ce serait le diable qui aurait été vainqueur, puisqu'il a quitté le champ de bataille des apparitions le *dernier en date !*

Objecterez-vous les miracles de Lourdes ? Vous ne pouvez pas les faire entrer dans l'argument théologique sans le changer. — Nous parlons de la preuve tirée des *antécédents* et des *conséquents*. — Du reste, dans les premières années, les miracles n'avaient pas été canoniquement examinés.

Dès lors, avant la conclusion de l'enquête épiscopale, vous eussiez été un adversaire de Lourdes, puisque les *raisons* de votre argument se retrouvent également dans les deux évènements.

Allez-vous finir par comprendre que votre argumentation est boiteuse ?

II. — Distinction des Visions de l'Ecole et de celles du Champ

—

Des antécédents et des conséquents diaboliques de l'événement de Lourdes, vous ne voulez pas et vous ne pourriez pas conclure au diabolisme des visions de Bernadette.

Vous ne pouvez pas davantage condamner *à priori* les visions de l'Ecole, ni même celles du champ, (que je vous abandonne pourtant volontiers, mais pour d'autres raisons).

Votre argument *chronologique* ne peut avoir, dans le cas présent, aucune valeur.

Disons maintenant que la *série des Visions de l'Ecole* prend naissance et se clôture dans une *complète indépendance* des phénomènes nombreux et variés dont le champ est le théâtre.

Ainsi en est-il à Lourdes, où Bernadette voit toujours la même Vierge et dans les mêmes conditions.

Il me faudrait, ici, placer le récit de ces vingt-quatre visions de Vierge Immaculée. — Je me permets de renvoyer le lecteur aux récits séparés qui en ont été faits, soit par l'Echo de Tilly, soit par moi, dans l'opuscule *Visions de l'Ecole*. — Qu'on nous dise si toutes les scènes, qui composent la série de cet événement, ne se recommandent pas par la *dignité*, la *noblesse*, la *gravité*, la *piété*. — Pas de fantasmagorie, de tableaux changeants et capables d'exciter la vaine curiosité, — C'est toujours la même Vierge qui plane au-dessus du champ Lepetit. Elle élève les mains pour bénir, les joint gravement pour prier, ou s'immobilise dans la pose de la Vierge Immaculée. On prie, parmi le groupe des voyantes, avec une douce et religieuse émotion.

En vain les visionnaires du champ viennent dans la cour de l'Ecole pour *voir* avec les Sœurs. — Quand elles *voient*, le groupe des visionnaires de l'Ecole ne *voit* pas. — Que la Vision paraisse au regard des voyantes de la classe, les autres ne *voient* pas plus cette apparition-là que les étrangers.

Quand les visionnaires du champ ont leur extase dans la cour de l'école, leur apparition se présente à quelques pas. — M. de L., qui vit la Vierge *aux dentelles*, la contemplait de très près. — Marie Martel la vit près d'elle, et jusque sur le bord des fenêtres de la classe. Jeanne Bellanger poursuit sa Vision dans tous les coins de la cour. — Les enfants, les Sœurs ne voient rien de tout cela. Quand elles jouissent de la vision, leur Apparition rayonne toujours au-dessus du champ Lepetit.

Un jour même que Jeanne (et Marie Martel plus tard) contemplait son Apparition dans la cour même, et le dos tourné au champ Lepetit, les voyantes de l'école, groupées à la fenêtre, invoquaient, les bras en croix, la belle Vision qu'elles admiraient là-bas, au dessus de la colline, toujours dans les mêmes conditions de clarté et de mystère.

Puis, les visions de l'école cessent le 26 juillet, après que les voyantes ont fait le sacrifice de ne plus *jouir* de cette Apparition tant aimée, dans le but d'obtenir de la divine Vierge une réponse à leur demande.

L'Apparition elle-même semble avoir voulu, dès le début, établir cette séparation des deux séries de phénomènes. — Les Sœurs et les enfants ont compris qu'aucune manifestation ne se fera pour elles au champ des apparitions. Et, de fait, par la suite, les enfants de l'école furent privées de toute vision en ce lieu. — Seule, Jeanne devient une voyante du champ, et elle sert à montrer la *qualité* des deux genres d'influence. Quand elle a des *extases* à l'école, les autres ne voient pas. Quand elle voit avec les autres, elle n'a pas d'*extase* et ne présente plus le même aspect.

Jeanne a reconnu, du reste, (je suis sûr de ce que j'affirme), que sa vision particulière n'a pas toujours de *jolis pieds* ni une *belle tête;* il lui est même arrivé d'en avoir peur. Ce détail est confirmé par une des personnes les plus sérieuses de Tilly, à qui Jeanne l'a confié.

Bref, je défie qui que ce soit de pouvoir établir, par un fait, une liaison quelconque entre les *visions de l'école* et celles *du champ*.

Sous tous les aspects, la séparation complète et la *distinction* des deux séries de faits s'imposent.

M. l'abbé Brettes devra donc nous expliquer comment une série de semblables apparitions peut *commencer* et se *clôturer*, sans un seul *defectus*, et n'en être pas moins entachée de diabolisme.

Il ne suffit pas que le démon s'agite autour du fait principal, *avant* et *après*, pour le compromettre et le discréditer, on l'a vu pour Lourdes; il faut établir l'identité de cet événement avec les phénomènes louches.

Ce que M. l'abbé Brettes n'a pu établir, en aucune façon, par les arguments qu'il met en avant.

Le principal argument de M. le Chanoine, celui qu'il tire de l'*antériorité*, pour quelques faits diaboliques, et de la *persistance* des manifestations qui ont suivi, croule devant la constatation des phénomènes qui se sont produits aux roches Massabielle.

Que chacun y réfléchisse, sans parti pris !

III. — Les Criteriums

Ceci posé, examinons brièvement les criteriums de Benoît XIV qu'on cherche à nous opposer. Par *l'objet,* le *but,* les *agents,* les *résultats,* déclare M. le Chanoine, on doit conclure au diabolisme.

1° *L'objet.*

« C'est-à-dire les apparitions, continue M. l'abbé Brettes. Elles sont diaboliques par leur fréquence, leur diversité, leur contradiction : Il y a des apparitions jour et nuit. Que deviendrait la majesté divine devant une aussi banale profusion de faveurs... »(1)

Je ne pense pas que la circonstance d'être parfois nocturnes soit une mauvaise note, par nature, dans l'appréciation de M. l'abbé Brettes. Autrement on lui objecterait *Pellevoisin* qu'il a en grande affection, comme nous l'aimons tous du reste.

La fréquence des faits peut être un defectus en certaines circonstances, et j'ai moi-même mis cet argument en avant contre les visions du champ. — Du reste, pour cet argument, comme pour les autres, M. le Chanoine ne fait que répéter ce qui a déjà été objecté de

____

(1) Toutes ces paroles ont été prononcées par l'abbé Brettes et reproduites dans le journal le *Matin.*

sérieux contre les voyantes du champ. — Il vous prend, néanmoins, des airs de Christophe Colomb, découvrant l'Amérique, qui font sourire les gens bien informés.

Mais, une fois admise la distinction des deux séries de phénomènes, comme il serait *loyal* de l'admettre (car c'est une vérité qu'on ne peut méconnaître sans *mauvaise foi* ou *ignorance des faits, ignorance qui ne peut exister que dans le cerveau d'un enquêteur d'un jour*), une fois admise, dis-je, cette séparation, signalée dès le début, ne voit-on pas que toute l'argumentation de M. le Chanoine est en pure perte.

Votre reproche ne tombe pas sur les Visions de l'école. Elles sont peu nombreuses : *vingt-quatre* visions de la Vierge, en près de cinq mois, et *deux* de monuments ; il me semble que c'est tolérable. — Où voyez-vous la majesté de Dieu compromise ?

« Leur diversité maintenant : Dieu est l'ordre et la simplicité par essence ; or, à Tilly, tout est désordre et confusion ; tantôt c'est la Sainte Vierge et tantôt Saint Joseph ; c'est une personne vivante et c'est une statue. C'est une image et c'est une banderole qui apparaissent. »

M. le Chanoine a tort de se laisser aller aux grandes envolées théologiques. Les « hautes considérations » l'ont déjà conduit à plus d'une bévue, témoin cette fameuse interview sur le rôle convertisseur de la *Sibylle, dans le monde chrétien* : Je lui propose de faire breveter cette thèse-là dans une de nos facultés de théologie ! La *diversité* ne prouve rien, isolée du reste car elle peut exister et elle a existé dans des faits reconnus divins.

Mais ici encore je me contente de crier à M. le Chanoine : *Vous attaquez les visions du champ et nullement celles de l'école.* — Là, dans le groupe des visionnaires, on n'a jamais contemplé que la Vierge, la même par le costume, les détails et les circonstances.

Ne brouillez pas les événements, s'il vous plaît !

2° *Le but.* — Je cite :

« Dans les manifestations divines, le but doit toujours être clair, précis et tendre à la gloire de Dieu. Or, à Tilly, il n'y a pas de but clair ni précis, puisque les apparitions ne savent pas ce qu'elles veulent. La Vierge, à Tilly, a dit : « Je suis l'Immaculée-Conception. » Or, elle l'avait déjà dit à Lourdes A quoi sert cette répétition ? Elle dit : « Pénitence ! Pénitence ! » Redite de la Salette.

Voilà une note inattendue. D'autres, au contraire, ont une tendance à voir dans les événements de Tilly comme la synthèse des apparitions du siècle. La chose n'eût point été impossible *à priori*... M. le Chanoine qui aime à synthétiser, a manqué là une belle occasion. — Est-ce que la Vierge, à Lourdes, n'a pas incité à la pénitence ? — Est-ce qu'on ne serait pas autorisé à voir dans Pontmain comme le couronnement de La Salette !

A coup sûr, l'objection n'a aucune valeur, et il serait trop comique de voir M. le Chanoine dicter à la Vierge ce qu'elle doit *dire* et *faire* pour être authentique, et fixer ainsi les détails d'une future apparition de la Mère de Dieu dans le monde.

Eh ! bien, M. le Chanoine n'a pas échappé à ce ridicule, et il a osé dire, dans son rapport :

« On peut dès maintenant prévoir *quels* seront les caractères consolants de la prochaine apparition de la Très Sainte Vierge; assurément ce ne seront pas ceux-là. »

En conséquence, la Sainte Vierge fera bien de combiner ses plans avec cet *organisateur* du surnaturel, sous peine de s'entendre dire : « En vérité, en vérité, Notre-Dame de X..., c'est le diable ! »

Le but est pourtant assez clair et précis : La Très Sainte Vierge veut un sanctuaire sur le plateau de Tilly, pour y répandre ses grâces et de très spéciales bénédictions. — La circonstance que l'Apparition se manifeste à des Sœurs du Sacré-Cœur, au moment où s'achève la Basilique du Vœu National, dans une école libre et au-dessus du champ du fondateur de cette école libre, indique peut-être que la France chrétienne, en retour de ses sacrifices, est à la veille de grandes miséricordes. — Pourquoi pas ?

On a demandé à la Vierge : Que voulez-vous ? Elle a répondu par un signe *naturel*, le plus clair et le plus précis des langages, puisqu'il est compris par tous les peuples, en dehors de toute convention. Elle a montré une *Basilique*. Déjà, au début, elle avait préparé cette solennelle réponse du jour de Sainte Anne par la vision d'un monument qu'on vit resplendir de l'école. D'autres personnes, isolément, eurent également vision d'un monument religieux sur le plateau.

« Cette Vierge ne sait pas ce qu'elle veut ! » s'en va répétant le chanoine.

Savez-vous ce que vous affirmez, vous ?

Allez-vous dire que cette basilique consacrée au culte de Marie, et attirant à elle les populations du Nord de la France, réveillées par cette invasion du surnaturel, est contraire à la gloire de Dieu ?

Vous qui, récemment, nous déclariez arrivés à *l'avant-dernière heure* des Temps, seriez-vous étonné de voir surabonder la grâce et les moyens de salut en des temps si troublés. Aux époques extraordinaires, les moyens extraordinaires !

En résumé, ici encore, vos objections, si on veut y reconnaître un peu de valeur, s'adressent aux apparitions du champ.

Ceux qui croient et espèrent en l'Apparition de l'École vous crient, par ma voix, que vous entassez erreurs sur erreurs, et que vous ne parlez ni en chanoine, ni en psychique..

3° *Les agents* :

« Ils doivent être vertueux, or, à Tilly, ils ne le sont pas ! Jamais un prêtre n'a rien vu ».

On croit rêver quand on entend de pareilles objections.

Les prêtres ont-ils été parmi les visionnaires de Lourdes, où il y a eu tant de *voyants* ?

Si dans ce groupe des voyantes de Tilly il n'y a pas de prêtre, on y trouve, en revanche, de *saintes* femmes : des religieuses, dont le mysticisme a coutume de valoir le mysticisme d'un chanoine, soit dit sans mépris aucun. Ajoutez à cela un groupe de bonnes fillettes, élevées dans la plus tendre dévotion envers Marie, et en préparation de leur première communion ; puis un groupe de dames très pieuses et fort intelligentes.

Voilà uniquement les témoins des apparitions de l'école.

Bien mieux, votre objection est parfaitement injurieuse, même lorsqu'elle s'adresse aux visionnaires du champ. A part Marie Laîné, la *perle* de votre premier rapport, la seule qui vous ait donné une impression du divin (!), les petites visionnaires du champ sont très honorables. Vous ne pouvez les flétrir qu'en les calomniant, qu'en vous faisant l'écho de stupides racontars. L'accusation tirée du « tonneau d'eau-de-vie » a eu le sort qu'elle méritait, à la Société des Sciences psychiques, et l'envoi d'enquêteurs décidé par ses membres, pour vérifier ces insoutenables cancans, a été, à votre endroit, un acte de défiance, dont vous n'avez pas senti tout le mordant.

4° *Les résultats*. — M. l'abbé Brettes, dit le reporter du *Matin*, trouve également qu'ils sont déplorables.

Voyez-vous d'ici M. le chanoine levant les bras au Ciel, de désespoir, et attestant son saint patron qu'il a tout fait pour conjurer les désastres. Ah ! ce n'est pas lui qu'Isaïe pourrait comprendre parmi ces chiens muets qui ne savent pas aboyer : *Canes muti non valentes latrare !*

« J'ai fait mon devoir ! » s'écrie-t-il, avec émotion et fierté.

En tous cas, vous auriez pu le faire en de meilleures conditions. Après une *seule* et si *superficielle* enquête, c'est faire son devoir en homme qui est trop de son siècle, le siècle de la vapeur !

M. le chanoine, dans sa lettre à la *Vérité*, trouve que l'attitude qu'il conseille ne peut avoir aucun inconvénient, et qu'elle est conforme à la loi ; tandis que l'attitude de ses contradicteurs est contraire à la loi et expose à de graves périls.

Je trouve que c'est le contraire qui est vrai.

des faits soit préparée par les témoins et les enquêteurs particuliers. Avant de construire un édifice, il faut penser au travail d'approche. C'est l'architecte qui rejettera, en dernier lieu, tels ou tels matériaux de l'édifice projeté ou les fera rentrer dans le plan qu'il doit adopter.

M. l'abbé Brettes, lui, s'occupe à tout faire sauter à la mine. — Il défonce le terrain. — Ce sera double travail pour construire, si l'autorité décide qu'on construira.

****

Et quels sont donc les résultats déplorables que M. le Chanoine a constatés ?

Les sceptiques continuent à ne croire à rien du tout, ni à Dieu, ni à diable. C'est ainsi qu'ils ont accueilli l'événement de Lourdes, et qu'ils l'accueillent encore à l'heure présente. Il n'y a donc rien de changé de ce côté.

Les croyants, ceux qui espèrent en une apparition d'ordre divin, viennent en foule prier la divine Vierge, et lui confient leurs espérances, leurs douleurs physiques et morales. On prie énormément au champ Lepetit ; on s'y tient bien, et il n'en serait pas ainsi sans le respect qu'inspire la statue érigée à cet endroit ; c'est une décision d'une haute opportunité que celle qui fit dresser, au milieu du champ, ce signe religieux.

Quel mal y a-t-il à ce que les foules prient, chantent, jour et nuit, et oublient là leurs misères en espérant se trouver plus près du Ciel. Si l'autorité leur défend d'y retourner, ces fidèles se soumettront. Ils regretteront simplement un bonheur espéré, et se diront : « Après tout, j'ai prié la Vierge, et ça n'est pas perdu ».

Quels désastres avez-vous à redouter ?

Au contraire, ceux qui ont confiance en M. le Chanoine, tous les lecteurs de ces journaux qui n'ont jamais voulu insérer que des articles hostiles à Tilly, auront de la peine à prendre le chemin du lieu béni, en cas d'une décision favorable.

Le danger est tout entier dans l'attitude de M. Brettes et de ses amis.

Je sais qu'il est utile qu'il y ait des saints Thomas. Mais le rôle de saint Thomas n'a jamais de la vie été préconisé comme une attitude supérieure. Je ne prétends pas, cela va sans dire, que le cas soit ici le même. Je dis seulement que la position prise par M. l'abbé Brettes ne me paraît pas la plus louable, ni au point de vue de la piété, ni au point de vue de la science théologique.

Donc, on prie beaucoup à Tilly. A certains jours c'est un petit Lourdes. Voilà un premier résultat.

Un autre résultat non moins clair, c'est un accroissement de ferveur chez toutes les voyantes : les unes parce qu'elles *croient*, tout au moins, voir la Vierge, et cette espérance n'est pas faite pour inspirer la tiédeur ; les autres, parce qu'elles ont réellement vu la Vierge, espérons-le, et qu'elles sont sous une influence directement sanctifiante.

Dans les deux cas, quoique à des degrés divers et dans une proportion que Dieu seul connaît, la piété n'est point en défaveur à Tilly.

A côté de cela, je ne vois pas quelles raisons conduiraient les catholiques des départements voisins à l'infidélité. Beaucoup même s'intéressent à l'événement de

Tilly aussi passionnément que les tilliens eux-mêmes, et en prennent occasion de multiplier les neuvaines et les prières, dont ils ressentiront toujours les salutaires effets, en ce monde et dans l'autre.

Alors, pourquoi ces lamentations du chanoine? Qu'a donc ce nouveau Jérémie à pleurer sur les ruines de Jérusalem!

Histoire d'une enquête et d'un rapport

M. l'abbé Brettes, alors président de la *Société des sciences psychiques*, désirait beaucoup enquêter sur l'événement de Tilly. Il y était même désiré, car sa situation le désignait à une mission de ce genre.

Mais vous comprenez bien qu'un président de Société psychique ne peut guère se déplacer à la façon d'un simple mortel. Il lui faut un cortége d'événements qui mettent en relief sa puissante intervention.

Je soupçonne notre enquêteur d'avoir, un peu dans ce but, envoyé la mystérieuse dame en noir, la fameuse possédée, tâter le terrain au point de vue des effets probables.

La dame en noir eut sa crise.

Bon ! se dit notre enquêteur. J'aurai ma petite scène et je ferai causer le diable publiquement. Ça sera d'un bon effet.

La dame en noir revint à Tilly. Par *hasard*, et sans la *connaître*, M. le chanoine Brettes se rencontra au champ avec la possédée. — Crise terrible. — Intervention du chanoine qui, au nom de Jésus-Christ, fait se tordre la possédée. — Saisissement de la foule. — Émotion indescriptible.

Quel homme ! murmurait-on. L'affaire de Tilly va marcher.

Un curé d'une paroisse importante, qui accompagnait

l'éminent président, disait en souriant malicieusement :
« Moi, je crois qu'ils se connaissent. » — Il faut vous dire
que M. le Chanoine avait formellement déclaré qu'il ne
connaissait cette dame ni d'Eve, ni d'Adam. — Il y eut
des sceptiques.

Bref, quelqu'un se chargea de les filer. — On les retrouvait dans tous les chemins creux, causant confiden-
tiellement ensemble. — La défiance redoubla.

Finalement, on est resté convaincu, à Tilly, que le
coup était préparé, que le voyage était concerté.
M. l'abbé Brettes était sûr de sa possédée.

Le résultat a été maigre.

A moins qu'on ne veuille attribuer aux découvertes
de cette possédée la révélation des couches *phospho-
rescentes* qu'on devrait trouver à 10 ou 12 mètres de
profondeur ! Ce qui s'explique aisément, déclare ingé-
nument l'abbé Brettes, par les carrières de pierres
à chaux !

Ce que le diable s'amuse de M. le Chanoine !

Toutefois, un certain nombre de témoins vinrent
trouver le président et lui dictèrent leurs dépositions.
Ce fut l'affaire de quelques heures.

Les personnages principaux ne furent pas entendus,
ou ce fut à la hâte. Et c'est tout. — On n'a plus revu
M. l'abbé Brettes qui ne vit que de ses souvenirs et de
ses impressions d'un jour.

Voyons ! est-ce sérieux ?

Néanmoins, il eut le temps d'observer un instant Marie
Laîné en extase, ou en prétendue extase, car il y eut

chez elle une période de comédie, et il crayonna aussitôt un saisissant parallèle entre l'extase, probablement divine, de Marie Laîné, et l'extase diabolique de sa dame en noir.

La Société psychique entendit cet éloquent parallèle et en est encore toute saisie.

Dans ce rapport, M. l'abbé Brettes concluait certainement à la probabilité du divin.

M. Gaston Mery l'a raconté dans ses brochures, au lendemain de cette séance.

Le *Gaulois* donnait également le résumé suivant :

« J'arrive aux conclusions du Président de la Société des sciences psychiques :

1° Le surnaturel, tel qu'il se manifeste à Tilly, est d'une évidence qui défie le matérialisme.

2° Certains faits — il ne s'agit que de ceux qui sont bien démontrés — *paraissent avoir une origine divine ;* d'autres trahissent une origine diabolique.

3° C'est pourquoi il faut admettre que Tilly est le champ d'une *sorte de lutte entre le surnaturel* divin et le surnaturel diabolique... »

Il paraît que tout le monde s'est trompé, et M. l'abbé Brettes reproche à M. Charles de V., auteur d'un remarquable article de protestation, dans *La Vérité* :

« Il prétend que j'ai soutenu autrefois la *concomitance* du divin et du diabolique, dans les phénomènes de Tilly. Ce n'est pas exact... Dans mon premier rapport j'avais dit une phrase qui prêtait à l'amphibologie... etc... »

Il semble qu'une amphibologie de cette taille n'est guère compréhensible chez un homme aussi précis.

**

Dans une interview qui parut bientôt dans la *Croix du Calvados,* on apprit, non sans étonnement, que M. l'abbé Brettes n'avait jamais cru à autre chose qu'à un arbre *hanté.* Quant aux fouilles, il les désirait comme prétexte, afin d'avoir l'occasion d'approcher sournoisement de l'arbre et de le jeter par terre. — Le diable avait déclaré que ce serait le remède, et M. le Chanoine a grande confiance au diable. — C'est un honnête compère, paraît-il, quand on sait bien le prendre. Il ne ment jamais !

Justement, j'ai noté dans une lettre de M. le Chanoine, datée du 15 juillet, ce précieux aveu :

« Je n'ai plus d'hésitation maintenant, et ne compte plus donner suite aux fouilles... etc. »

Ce qui veut dire qu'une fois convaincu du diabolisme, M. le Chanoine n'a plus autant désiré faire les fouilles.

Il n'a donc pas souhaité faire des fouilles uniquement pour renverser le malheureux ormeau, car le désir de renverser l'arbre aurait dû s'accroître avec la certitude du diabolisme — Point du tout ; — Il suit de là que M. le Chanoine a cru à la probabilité du divin plus qu'il ne veut en convenir.

Du reste, le 2 octobre, il était dans une nouvelle phase de perplexité, puisqu'il m'écrivait la lettre qu'on va lire et qui dénotait déjà un parfait converti :

Monsieur le Curé et Cher Confrère,

Les oreilles ont bien dû vous tinter pendant le pèlerinage de Pellevoisin, et M. R. a dû vous dire pourquoi depuis son retour.

J'avais, en effet, très vif désir de vous voir, afin que nous puissions nous *entendre* à propos de Tilly, avant d'engager une action dont il ne faudrait pas diminuer la force par des *divisions*, inutiles et nuisibles à la *cause religieuse que nous avons également à cœur de défendre*.

Voilà longtemps (?) que j'étudie Tilly de très près (?), d'autant plus près que la situation est déjà plus compromise (à qui la faute ?), et plus je vais plus j'acquiers la certitude que l'action du diable est la seule qui se manifeste là-dedans.

Vous comprenez que dans cette occurrence je désire m'éclairer auprès de vous, et vous demander si vous êtes vraiment bien sûr qu'il y ait aussi intervention miraculeuse de la divinité.

Comme je vous serais reconnaissant de me dire votre pensée là-dessus, avec la simplicité que je mets moi-même à vous la demander. — Notez bien que je n'ai aucun parti pris ; et que quand je dis : « Je suis sûr », cela signifie : *jusqu'ici* et *provisoirement*.

Ce qui n'est pas douteux, c'est que Louise Polinière, Marie Lainé et Jeanne Bellanger, ont donné, dans des occasions que vous avez d'ailleurs relevées vous-même très judicieusement, au moins en partie, des preuves certaines de possessions diaboliques. Or, ne trouvez-vous pas que pour excepter Marie Martel toute seule, non pas certes en tant que possession, — car je ne connais rien qui m'*autorise* à l'associer aux autres, mais ne trouvez-vous pas que pour l'excepter, dans tout cet ensemble, jusqu'à en faire une visionnaire divine, est chose un peu difficile *à priori* ?

Oh ! je vous en prie, dites-moi bien votre avis là-dessus. Les choses qui sont déjà bien graves là-bas, vont le devenir encore bien davantage. — Le mal qui est déjà bien grand va devenir, si je suis bien renseigné (vous l'êtes très mal, M. le

Chanoine), et je le *crains*, irréparable. — Et Dieu seul sait la suite que tout cela va comporter. (M. le Chanoine croit trop les choses compromises par sa défection ; — ceux qui le renseignent sont-ils bien sérieux ??)

J'aurais volontiers fait le voyage de Blois pour vous voir, mais je pars mercredi... etc... et ne serai de retour que vers le 12 ou 13, pour repartir... etc...

Si vous veniez à Paris, avisez-moi et je ferai tout pour m'y trouver avec vous.

En attendant, dites moi bien si votre opinion est, et jusqu'à quel degré, une certitude, et *permettez-moi d'espérer que nous pourrons marcher ensemble contre l'ennemi commun.*

Nous viendrons assez facilement à bout, je crois, de M. G. Mery, et ce ne sera pas trop de *notre union* pour triompher de *l'amant du diable.*

Permettez moi de vous offrir, dès à présent, de devenir membre correspondant de la *Société des Sciences psychiques.* — Dans quelque temps, le corps ecclésiastique et le corps médical seront invités à nous aider dans nos travaux ; mais quand on a la bonne fortune de trouver un esprit de votre valeur, on est heureux de lui faire une place d'honneur dans une Société comme est la nôtre.

On sait maintenant que le contraire est arrivé. — M. Mery, *l'amant du diable*, s'est converti, et M. l'abbé Brettes est devenu *l'amant du diable*. — Étrange retour des choses d'ici-bas !

Cette lettre ne vaut-elle pas à elle seule toute une réfutation du rapport de M. l'abbé Brettes ! — Plusieurs me l'ont écrit.

Revenons au premier rapport et racontons ici les déboires de son auteur.

M. l'abbé Brettes ayant réuni les notes hâtives de

son premier rapport, en fit un morceau de forme assez oratoire, mais trop modérément scientifique, comme le note M. Charles de V., dans *La Vérité*.

Aussi, lorsque l'éminent Chanoine le présenta, en souriant de contentement, à Monseigneur l'évêque de Bayeux, qui en prit une connaissance sommaire, avec commentaires de l'auteur, il arriva que Monseigneur déclina poliment l'honneur d'un tel hommage et le laissa dans les mains de son auteur ahuri.

Comment savez-vous cela ? me direz-vous.

Mais par M. l'abbé Brettes lui-même qui, dans sa lettre du 15 juillet, écrit candidement :

« Il estime (Monseigneur, que le temps n'est pas encore venu de se prononcer, *et n'a pas accepté le rapport que j'ai présenté à la Société et que j'offrais de lui remettre* ».

Voilà un *premier* rapport qui n'eut guère plus de chance que le *second*, auquel la Société des sciences psychiques a fait un si méchant accueil. Cette unanimité des répulsions devrait faire réfléchir M. l'abbé Brettes.

Le drôle de l'histoire — je peux bien dire cela — c'est que Mgr l'évêque de Bayeux, tout le long de ce voyage qui le conduisait à Paris, voulut bien lire le modeste mais sincère travail que je lui avais envoyé. Monseigneur reçut mon étude, l'agréa, et m'envoya un aimable petit mot pour me dire « que ce travail lui paraissait sérieux », mais qu'il se renfermait dans « une respectueuse réserve ». Je me permets de publier ces mots, parce que cette *réserve* et ce *respect* sont bien faits pour préparer les esprits à la décision, quelle qu'elle soit, qui émanera de l'autorité.

C'est aussi une leçon pour beaucoup.

J'ai donc le droit de me dire, en constatant le sort fait à ces deux rapports, que peut-être l'autre n'était pas assez sérieux, ou offrait des contradictions, ou une lacune importante. Je ne sais pas. D'autant plus que l'abbé Brettes y concluait, comme moi, à la possibilité du divin.

Toujours est-il que le rapport de l'abbé Brettes n'alla point rejoindre le mien au fond de la valise épiscopale.

Tant mieux ! Nous nous serions battus.

————

Craintes et Reproches

Une des craintes de M. l'abbé Brettes, la plus angoissante de toutes, est celle-ci :

« Le diable a déclaré qu'on construirait une chapelle, et que c'est lui qui y serait honoré... »

Pas dégoûté, monsieur le diable !

Mais comment un théologien peut-il débiter de pareilles énormités.

Je renvoie le lecteur au chapitre : *Ce qu'en pense le diable*, dans le *Livre des Apparitions*.

Je citerai cette simple réponse d'un laïque, parue dans le journal *La Vérité :* — Le laïque est ici plus fort que le théologien :

« 5° C'est à propos du but auquel tendent ces apparitions que l'affirmation catégorique du rapport revêt un caractère absolument fantastique.

« Le chanoine a fait savoir à l'assistance que depuis longtemps il a l'occasion d'exorciser un possédé, et qu'il en a profité pour interroger le diable sur ce qu'il faut penser de Tilly. Or, le diable se serait d'abord fait prier, puis, soi-disant forcé par la puissance de l'exorciste, il aurait fini par avouer que c'était lui qui apparaissait à Tilly, qu'on y élèverait une chapelle, et que c'est lui, par conséquent, qu'on y honorerait... (. !)

« Le chanoine a ajouté que l'on en penserait ce que

l'on voudrait, mais que, *pour lui, il attachait la plus grande importance à ces réponses.*

« On comprend maintenant pourquoi il part en guerre: c'est qu'il ne veut à aucun prix de culte *luciférien.* Après avoir réussi à se faire nier, le diable veut en cette fin de siècle arriver à se faire invoquer sous les traits de la Sainte Vierge (!). Voyez-vous le danger? Tous les sous-Hacks ont dû être ravis en voyant les fruits inespérés que leurs divulgations ont déjà produits !

« — Mais, voyons, raisonnons froidement. D'abord, Monsieur le Chanoine, êtes-vous bien sûr que le diable vous ait dit la vérité ? Vos exorcismes *faits en secret,* et dans le but de poser des questions de pure curiosité et n'ayant pas trait au fait de la possession, sont-ils. d'une efficacité absolue, qui oblige le diable à ne pas vous induire en erreur ? Il semble que ce soit de la naïveté ou de la crédulité de s'en rapporter au père du mensonge, surtout pour décider des questions comme celles-ci.

« En outre, le danger de voir un culte luciférien s'établir sans qu'on s'en doute est purement imaginaire. Si les prières que l'on fait sont dirigées vers la Sainte Vierge, comment feraient-elles pour se tromper d'adresse ? Le terme *final* du culte est la Sainte Vierge, et cela suffit. Et quand même la statue qui serait l'objet prochain du culte reproduirait les traits d'une Vierge, dont le diable aurait fourni le modèle, qu'est-ce que cela peut bien faire au culte lui-même ?

« Les madones de Raphaël reproduisaient les traits de personnes très belles, mais, dit-on, fort peu honorables. S'ensuit-il que dans les églises et oratoires, où l'on ex-

pose les tableaux de Raphaël ou leurs reproductions,
on honore ces mêmes personnes ?...

« Il y a au fond de toute cette argumentation du chanoine une confusion inexplicable. »

..

Autre reproche et autre plainte :

« Il existe une loi formelle, cent fois répétée dans le Concile
de Trente, sous Benoît XIV, etc.., qui défend sous les peines les
plus sévères, de faire des images inusitées dar l'église, d'établir
de nouveaux pèlerinages, de nouvelles dévotions. Or, à Tilly,
on foule aux pieds ces prescriptions... »

Où voyez-vous, Monsieur le Chanoine, l'image inu-
sitée ? Que les donateurs aient voulu se rapprocher d'un
type conforme à l'Apparition, c'est possible. En réalité, le
marchand leur a coulé un vieux modèle qui était de
toute éternité dans ses magasins.

Voilà pourquoi on a pu recevoir cette statue et la
bénir : Ce n'était pas une nouvelle image.

Il n'y a aucune ressemblance entre ce modèle-là et
les Vierges des différentes visions. Le désespoir des
donateurs était même amusant à voir. Si on les avait
laissés faire, on eût introduit mille changements. Ce
qui prouve que M. le Chanoine, qui n'est pas heureux
quand il parle après enquête, l'est encore moins quand
il enquête de loin.

Aucun pèlerinage de Tilly n'est approuvé ; l'autorité
laisse les foules prier en ce lieu, comme on laissa les
foules prier aux roches Massabielle, pendant les cinq
années que se fit attendre l'enquête. On invoquait

N.-D. de Lourdes, non pas *in loco sacro*, mais en un lieu libre, et avec attente respectueuse des décisions futures. La tolérance de l'évêque, en ce cas, légitime l'attitude des fidèles, et tout est dans l'ordre.

.·.

« Le Concile défend de publier des *miracles nouveaux*, sans *jugement* de l'Ordinaire, qui ne peut rien approuver lui-même sans consulter le Saint-Siège ».

M. le Chanoine exagère bien un peu le texte du Concile. Le voici :

« Statuit sancta synodus nemini licere ullo in loco, vel ecclesiâ, ullam insolitam ponere imaginem, *nisi ab episcopo approbata fuerit*; nulla etiam admittenda esse nova miracula…, nisi eodem recognoscente et approbante episcopo, qui simul atque de iis aliquid compertum habuerit, adhibitis in concilium theologis., et aliis piis viris, ea *faciat quœ veritati et pietati consentanea judicaverit* ». (De Invocat. Sessio XXV).

Le Concile donne donc à l'évêque des pouvoirs étendus.

Ce n'est qu'en cas de difficultés jugées insolubles que l'évêque doit en référer au Concile provincial. Rome se réserve alors d'empêcher les nouveautés dangereuses pour la doctrine.

Ce n'est que par prudence que les évêques ont soin de soumettre leur décision à la curie romaine, dans une question comme celle qui nous occupe, à moins de difficultés spéciales.

Mais la conduite future de l'Autorité ne regarde ni M. l'abbé Brettes, ni moi, ni les autres.

Nous n'avons pas, M. le chanoine, de conseils à donner.

*
* *

Où je trouve M. Brettes ineffable, c'est dans la question des *miracles nouveaux*.

Je note d'abord que nous ne préconisons pas de miracles nouveaux ; nous étudions des faits à aspect miraculeux, et nous les soumettons aux décisions futures de la Commission, avec les raisons que nous avons d'espérer.

J'en étais là de mes réflexions quand il m'est tombé sous les yeux un numéro du *Bulletin* de Pellevoisin.

Dans ce Bulletin (n° 3, 3ᵉ année), il me fut donné de lire un très beau sermon d'un prêtre de Lyon, un très sonore discours de M. l'abbé Brettes sur le *drapeau* de la France, puis... ce malheureux petit entrefilet :

« Le soir, à 8 heures, après les prières à la chapelle, M. l'abbé Bauron nous donne lecture *d'un télégramme du chanoine Brettes annonçant la guérison miraculeuse d'une possédée de Paris.* »

Est-ce que c'est encore un coup de la dame en noir ?

En plein pèlerinage, *in loco sacro,* voilà un fait miraculeux proclamé par l'abbé Brettes, qui savait bien le sort qu'on ferait à son télégramme.

Dites donc ? est-ce que vous l'avez soumis au Concile provincial, votre miracle ?

Le puritanisme de M. le chanoine est bien un peu hypocrite !

Laissons ces misères et disons que l'événement tillien fait bonne figure dans les milieux théologiques
sérieux, et continue de rallier les sympathies d'hommes
compétents. — Donc :

Prière et espoir.

Supplément

Les lignes qui précèdent sont sous presse quand me parvient le *rapport détaillé* de M. l'abbé Brettes.

Je résume mes impressions et reviens brièvement sur les réflexions précédentes.

1° M. le chanoine, dans ce rapport, se montre convaincu du pouvoir prophétique de Vintras. Emporté par son désir d'être éloquent en tout et partout, il nous dépeint ce libidineux vieillard sous les traits d'un Isaïe, d'un Ezéchiel et d'un Jérémie. Oh ! l'éloquence !

Alors, M. le chanoine, Tilly n'est pas déshonoré que sa gloire ait été annoncée par le prophète qui a prédit le *Concile,* qui a prédit le dogme de l'*Immaculée-Conception,* qui a annoncé l'expansion de la dévotion au Sacré-Cœur « en des pages qu'on dirait écrites à l'ombre de la Basilique du Vœu national. » (!) Conclure maintenant qu'un fait religieux *prophétisé* par Vintras doit être soupçonné *a priori,* est contraire au bon sens et à la logique. Cela prouverait, tout au contraire, que le fait *tillien* revêt une grande importance religieuse.

Malgré tout, je crois aux manuscrits *frelatés.* Du reste, avec une inconscience que j'admire, M. le Chanoine prouve, de la page 12 à la page 16, que Vintras, dans sa prédiction, n'a jamais eu en vue que sa Rome nouvelle, et son pontife nouveau, c'est-à-dire lui-même. De plus, comme l'auteur de ces manuscrits est Charvoz, un des initiés, prêtre dévoyé, assez enténébré pour attendre, pendant de longues années, l'évêché que le rusé Vintras avait promis à son ambition, il nous est bien permis de garder une pointe de scepticisme.

Mais avec regret, car il nous serait agréable, en de telles conditions, d'avoir Vintras comme prophète de la déchéance du diable. Le diable devait, en effet, savoir à quoi s'en tenir.

2° M. le Chanoine fait ensuite de longs emprunts aux auteurs mystiques. — *Magni passus extra viam.*

Je lui réponds ce que j'ai déjà fait observer à XXX :

Vous confondez l'extase par fascination, l'extase *d'ordre public*, comme disait naguère un professeur d'Angers, avec l'extase *intérieure* et d'ordre *privé*, comme on les retrouve dans la vie des saints.

Pour ces derniers, de telles extases étaient comme le couronnement de toute une vie de sainteté, et ces faveurs ne s'allient pas avec les imperfections communes. Vos textes ne se rapportent pleinement qu'à cette catégorie d'extatiques.

Dans l'autre extase, la personne favorisée l'est moins pour elle que pour les autres ; elle doit donc en *parler* (1), avec simplicité, je le veux bien, mais elle doit faire connaître les faits jusque dans les moindres détails.

En confondant ces deux sortes d'extases, vous accusez une certaine absence de science théologique.

Dites-nous maintenant si Maximin et Mélanie étaient

---

(1) Voyez Lasserre, pages 114, 115.

des saints ? « Mélanie était sournoise ». dit son bio-
graphe; et elle était arrivée à l'âge de 13 ou 14 ans sans
avoir jamais prié. - Quant à Maximin, il a tout juste fait
son salut ! Lisez à ce propos les lettres de Mélanie.

Est-ce que la voyante de Pellevoisin était une sainte
au début ? Pas plus que la plupart des voyantes de
Tilly, même des voyantes du champ. Quant aux voyantes
de l'école, et j'ai le droit de ne m'occuper que de
celles-là, vous êtes un calomniateur, si vous osez les
discréditer.

3° Je constate, ensuite, que dans une foule de pages
de cet ennuyeux rapport, l'auteur n'a voulu que faire
de l'érudition. Il profite de l'occasion pour dire tout ce
qu'il sait.

Il se perd dans des considérations et des explications
qui ne nous regardent pas ici. Il y a là un traité du *miracle* et un traité de la *nature angélique*.

… Avocat, passez au déluge !

4° Dans la question du *but* de l'Apparition, M. Brettes
écrit cette énormité qui devrait ouvrir les yeux de tous
sur le *sens théologique* dont dispose l'auteur du rap_
port :

« Dans l'intention des priants, la prière va à la
Vierge, c'est certain. Mais si l'intention suffit, pour
dispenser de faute ceux qui font ces prières de bonne
foi, il n'en reste pas moins qu'elles vont à une fausse
adresse, et que c'est *finalement au démon qu'elles
aboutissent.* »

C'est insensé !… Alors, à Lourdes, pendant les cinq
années qu'on a attendu l'enquête et qu'on a prié la
Vierge, dans l'espoir qu'Elle était là présente, on s'est

exposé au péché de *démonolâtrie*. Supposez même que ce soit le démon qui soit là, uniquement lui, chacun veut invoquer l'Apparition à *condition* que ce soit la Vierge, et avec l'intention bien arrêtée de ne s'adresser qu'à Elle, où qu'Elle soit. Ces prières-là passent par-dessus la tête des fausses Vierges, Monsieur le Chanoine !

Et puis la question est de savoir si la Vierge, à un moment donné, n'est pas apparue en ce lieu. Vous décidez le contraire, mais comme le disait l'autre jour la *Vérité*, vous n'êtes pas, Monsieur Brettes, une autorité suffisante pour trancher la question.

Présentez une étude *respectueuse;* c'est votre droit, et c'est là tout ce que vous demande Monseigneur l'évêque de Bayeux que vous mettez en jeu, et qui vous a jadis donné votre rapport à *refaire*, tout en vous faisant grâce du pensum.

5° Le rapporteur en appelle à la parcimonie de manifestations avec laquelle la Sainte Vierge est apparue jusqu'ici : à La Salette, *une* fois; — à Lourdes, *quinze* fois; — à Pellevoisin, *quatorze* fois, etc.

M. le Chanoine, qui néglige d'être exact dans les *petites* choses (le sera-t-il dans les *grandes ?)* oublie qu'à Pellevoisin la Vierge est apparue quinze fois, et non pas quatorze, et à Lourdes, dix-huit fois au lieu de quinze. — De même, ce n'est pas à La Salette, mais à Lourdes, que furent prononcées ces paroles : « Pénitence ! Pénitence ! » Ajoutez à cela le texte du Concile de Trente, perverti dans son interprétation, et on comprendra que nous n'ayons pas une confiance folle dans ce manieur de documents.

Je réponds maintenant que si M. l'abbé Brettes veut

ouvrir l'histoire des Apparitions célèbres, — je parle de celles que l'Église reconnaît —, il verra que le Ciel ne se copie pas toujours.— N.-D. du Laus, par exemple, pourrait embarrasser sa dialectique.

Ajoutons que nous avons toujours mis à part les Visions de l'école, et celles-là sont peu nombreuses : *vingt-six* en tout. — Avouez que c'est là un chiffre raisonnable.

6° A propos des miracles, que M. l'abbé Brettes s'indigne de voir proclamer à Tilly (où on n'en parle que discrètement et en vue d'un examen futur), j'ai déjà noté un fait qui prouve suffisamment que M. le Chanoine est en désaccord avec ses principes. — Dans le Bulletin de Pellevoisin, qui fait suite au numéro déjà mentionné, je relève encore ces détails suggestifs :

« Le soir, à la Chapelle des Apparitions, M. le Curé de Saint-Eucher annonce aux pèlerins la délivrance *miraculeuse* d'une possédée, accomplie à Paris par N.-D. de Pellevoisin, pendant le pèlerinage de Paris. La nouvelle de ce fait si *extraordinaire* et si *consolant venait d'être transmise* à M. le Curé *par M. le chanoine Brettes*, l'éloquent prédicateur du pèlerinage (au numéro précédent on l'appelait l'orateur *national !*). *En action de grâces d'une si grande faveur, on entonne le Magnificat.* »

J'avais bien raison de le dire plus haut : cela se passait *in loco sacro.*

Je ne trouve pas mauvais que M. l'abbé Brettes publie les miracles *qu'il* a constatés, mais qu'il nous concède les mêmes droits, sous le soleil. Nous promettons même de ne pas faire chanter le *Magnificat* avant que les miracles n'aient été constatés par une Commission. A Tilly, pas plus qu'à Lourdes, on ne commettra de pareils abus.

7° Le trait final est celui-ci :

« S'ils persistent à voir ici la Sainte Vierge, comment feront-ils désormais pour s'abriter encore derrière la bonne foi qui les a protégés jusqu'ici ? »

En d'autres termes : Après un rapport comme celui que je viens de produire, comment n'être pas convaincu !

M. Gaston Mery vous a déjà répondu que c'est en vous *écoutant* qu'il s'est converti à l'opinion contraire. C'est en vous *écoutant,* que la Société des Sciences psychiques a éprouvé le besoin de vous dire que *rien n'était fait* et qu'on allait recommencer.

Le Chanoine continue :

« Espèrent-ils, après avoir eu la témérité de *juger* avant l'Eglise, avoir plus tard l'humilité de se soumettre à sa décision ? »

Voilà ce qui s'appelle un procès de tendance ! Alors, nous allons devenir schismatiques ? Mais on vous pardonne cela, à vous, le calomniateur de plusieurs voyantes.

N'avons-nous pas autant le droit *d'espérer* que vous avez celui de *désespérer* ?

Vous faites un travail pour établir finalement la thèse du diabolisme, et vous déclarez que vous êtes sûr de vous.

Nous présentons une étude pour établir le *divin,* sans conteste entre nous quand il s'agit du *fait* de l'école.

Si nous avons jugé avant l'Eglise, en faveur de notre thèse, vous êtes tombé dans les mêmes errements.

« Aurez-vous l'humilité de vous soumettre ! » nous criez-vous ?

Vous trouverez, après cette sottise, qu'on a tort de vous manquer d'égards !

Tous mes travaux, Monsieur le Chanoine, se terminent par ces mots, ou autres équivalents :

« Il ne me reste plus qu'à soumettre humblement cette étude à l'examen de juges compétents, les assurant que leur *appréciation sera la mienne.* — S'il est un sujet sur lequel il est facile de s'égarer, c'est bien celui-là, et les faits étranges qu'enregistrent les Annales de la Mystique, sont bien de nature à faire hésiter le jugement. »

Vous n'en avez pas dit autant.

M. l'abbé Brettes écrit encore dans son rapport :

« J'ai déjà dit qu'à Tilly, il n'y a pas de miracles de *premier* ordre (résurrection des morts, etc). »

Un peu pressé, M. le Chanoine ! Je lui demanderai s'il y a eu des résurrections de morts à Pellevoisin ou à Pontmain ?

A la seconde question du rapport :

« *Miracles de 2ᵉ et 3ᵉ classe*, » — M. le Chanoine escamote la réponse et s'en tire par une digression sur les prestiges diaboliques.

La réponse loyale aurait dû se formuler ainsi :

La guérison signalée du cancer, la guérison subite de la maladie charbonneuse, la guérison de différentes paralysies, etc., appartiennent à l'ordre des prestiges diaboliques.

On aurait alors prié M. le rapporteur de ne pas se prononcer avant l'enquête. et sur des faits qui lui sont totalement inconnus.

Citons aussi ce passage, afin de compléter l'instruction de M. le Chanoine :

« **Je sais que le diabolique et le divin peuvent se trouver dans le même lieu.** *Mais ce que je ne savais pas encore, et ce que j'apprendrais à Tilly, s'il y avait du divin, c'est que, dans ce conflit, Dieu peut être battu, et le démon rester le maître.* J'avais toujours cru, au contraire, que les choses devaient toujours se passer comme à Pellevoisin, par exemple, où la présence de la Sainte Vierge a suffi pour faire reculer graduellement le démon et lui défendre enfin de revenir. A Tilly, si surtout le divin est à l'école et le diabolique au champ, comme on l'assure, le diable serait le plus fort, et Dieu serait battu ; puisque, commencées à l'école, les apparitions ne s'y montrent plus, mais se continuent au champ, et que c'est au champ, *non point à l'école,* que le culte est rendu. »

« C'est au champ, et non pas à l'école, que le culte est rendu, » remarque finalement le rapporteur. En voilà une objection ! -- Mais il me semble qu'on élève toujours le sanctuaire *au lieu de* l'apparition, et non pas à l'*endroit* d'où l'on *voit*. Les visions de l'école, pour ce motif, exigent le sanctuaire dans le champ Lepetit ; c'est le lieu sanctifié par la présence de l'Apparition.

Un enfant comprendrait cela !

Quand Bernadette fut écartée de la grotte par ordre du commissaire, elle contempla sa Vision de très loin, et de l'autre côté du Gave. — D'après le raisonnement du chanoine, il faudrait là aussi un sanctuaire !

En réalité, quand le lieu *d'où l'on voit* coïncide avec le lieu *où l'on voit,* le sanctuaire est érigé à l'endroit commun du lieu de l'Apparition et du lieu de la *vision* (action de voir). — Quand les deux endroits sont *distincts,* comme à Tilly, un seul endroit est vénéré : le lieu que sanctifie l'Apparition.

Est-ce assez évident ? Que je suis donc humilié, Monsieur le Chanoine, d'avoir à vous tenir ce langage.

Répondons maintenant au reste de la citation :
J'ai indiqué plus haut, et je répète qu'à Lourdes des *faits préternaturels* ont précédé, — que des visions diaboliques, très nombreuses, ont comme *encadré* les visions de Bernadette, — que les visions diaboliques ont duré jusqu'en janvier 1859, alors que les visions divines avaient pris *fin* le 16 juillet 1858.

Alors, selon vous, la Vierge aurait été *vaincue* à Lourdes, puisqu'Elle n'a pas voulu paralyser aussitôt l'effort de Satan, *comme à Pellevoisin ?*

Reconnaissez donc que la victoire est à Dieu par l'érection définitive du sanctuaire et la création du pèlerinage.

Vous n'avez qu'un seul moyen de vous tirer de l'impasse où vous a conduit votre manque d'information, à propos de Lourdes : c'est de prouver que mes renseignements sont *erronés.* — *J'affirme que tout cela est contenu dans la grande histoire ecclésiastique de Lourdes, composée il y a dix-huit ans par ordre de l'autorité,* et qui ne doit paraître que plus tard.

Contrôlez ! — Acceptez mon défi, ou taisez-vous.

En résumé, il ne manque qu'une chose à ce rapport, c'est de prouver : 1° Que la série des visions de l'école n'est pas *distincte* des phénomènes observés au champ; 2° Que les visions de l'école renferment l'ombre d'un *defectus* qui puisse motiver les sévérités du rapporteur. Dans ce long travail, M. l'abbé Brettes n'a pas répondu à ces questions.

Ou il ne prouve rien, ou il prouve contre les visions du champ.

A part cela, c'est un excellent rapport, et la rhétorique est satisfaite, à défaut de la logique.

Blois, typographie et lithographie C. Migault et Ce